思いっきり笑える！

要介護シニアも集中

運動不足解消体操40

付・お手玉体操10

斎藤道雄 著

黎明書房

はじめに

シニアと支援者のための欲張りな体操の本

　ボクの体操する時間は，なんと 60 分間です。
　しかも，途中休憩なし。
　参加者の中には，要介護レベルのシニアもいらっしゃいます。

「途中であきないの？」

　はい。あきません。（あきさせません）
　はじめから終わりまで集中しています。

「途中で疲れないの？」

　はい。疲れません。
　楽しいから，疲れを感じません。
　（終わったあとは，適度に疲れます）

「どうしたらそんなふうにできるの？」

　シニアをあきさせない秘訣は 3 つ。
　①　楽しんで体操をする。
　②　（1，2分間の）短い体操を多くする。
　③　声を出さない。身振り手振りで説明する。

　これで，シニアの集中力がアップします。

　そしてもうひとつ。
　この本は，シニアと支援者のための体操の本です。
　シニアのための体操の本はあっても，支援者のための体操の本はなかったのではないでしょうか。

もう少し詳しく説明します。

この本は,
①　ご自宅や高齢者介護施設などで,
②　外出自粛や三密（密閉,密集,密接）を避ける必要から,
③　運動不足で心身機能が低下しがちなシニアと
④　支援者が楽しんで体を動かす体操の本です。
※シニアおひとりさまにも役立ちます。

さらに。
この本の体操は,感染リスクを下げながら,しゃべらなくてもできます。
さらに,さらに。
日常生活の動作を取り入れた体操もあります。

集中力アップ,シニアと支援者のための本,しゃべらなくても楽しい,日常動作でする。
この本は,**「欲張りな体操の本」**なのです。

「健康の秘訣は笑い」です。

さあ,シニアも支援者も,いっしょに思いっきり笑って,運動不足解消体操を楽しんでください！

この本の 10 の特長

1　笑って楽しくできる
　楽しくなければ体操じゃない。楽しさがメインの体操です。

2　準備なしでできる
　道具，準備一切不要です。※「付・お手玉体操」を除く。

3　立っても座ってもできる
　心身レベルに合わせて，立っても座っても，どちらでも体操が出来ます。

4　しゃべらないでできる
　声を出さずに，身振り手振りだけで説明します。感染予防にも有効です。

5　日常の動きでする
　いくつかの体操には日常生活でするような動作があります。

6　かんたんにできる
　腕を曲げ伸ばししたり，足ぶみしたりするような，シニアにもかんたんにできる動作です。

7　支援者のためのテクニック
　支援者が体操を楽しくするためのテクニックがわかります。

8　一人からでもできる
　シニアお一人さまでも活用できます。

9　歌体操もできる
　歌いながら，または音楽をかけながら体操ができます。

10　レクや体操に役立つ
　デイサービスや介護施設のレクや体操に超おススメです！

この本の使い方

① はじめにおススメの体操をしましょう！
↓
② おススメの体操とお気に入りの体操は，その日の体調や目的
に合わせて，自由に入れ替えましょう！

朝の おススメ体操	㉖ 窓あけて深呼吸 ↓ 35 ページ	 す―― は――
昼の おススメ体操	㉟ 伸ばしてクロス ↓ 44 ページ	 4回繰り返す
夜の おススメ体操	㊲ 三日月ストレッチ ↓ 46 ページ	 反対側も同様に

も　く　じ

Ⅲ　かんたん体操 10

Ⅳ　筋トレ体操＆ストレッチ体操 10

付　お手玉体操 10

① ぎゅうっとそおっと

片手は強く，反対の手は弱く握ってください！

| ねらい
と ききめ　　(握力アップ)　(手先の器用さ維持)

楽しみかた

① 　胸の前で両手をグーにします。
② 　右手はぎゅうっと強く握って，左手はそおっと弱く握ります。
③ 　手を替えて同様にします。（右手弱く，左手強く）

ぎゅうっ　　そおっ

手を替えて同様に

みちお先生のケアポイント

・むずかしいときは，（両手同時にせず）片方ずつしてもオッケーです！

笑いのテクニック
・強く握る手を見ていい顔を，弱く握る手を見て優しい顔をしてみましょう！

② パーで大の字

パーのときだけ，大の字になってください！

■ ねらい
とききめ 　 バランス力アップ

楽しみかた

① シニアと支援者はいっしょにグーチョキパーをします。
② 支援者がパーを出したら，シニアは大の字のポーズをします。（両腕を横に伸ばして足をひらく）
③ 支援者は，グーチョキパーをランダムに繰り返します。

パー

みちお先生のケアポイント

・はじめは支援者もいっしょに動作をすると覚えやすいです。

笑いのテクニック
・はじめはゆっくりと，徐々に速くして，間違えたりするのも楽しいです！

③ グーチョキパー体操

両手と両腕を動かして，グーチョキパーしてください！

▎ねらい
とききめ　〔 腕のストレッチ 〕〔 手先の器用さ維持 〕

楽しみかた

① 　胸の前で両手をグーにします。

② 　両腕を前に伸ばして両手をチョキにします。

③ 　両腕を上に伸ばして両手をパーにします。一休みして，4回繰り返します。

グー　　チョキ　　パー

4回繰り返す

みちお先生のケアポイント

・むずかしいときは，胸の前でグーチョキパーをします。慣れてきたら，両腕も動かしてみましょう！

笑いのテクニック

・繰り返すときは，ひとつずらします。①でチョキ，②でパー，③でグーにします。間違えたら？　思いっきり笑って，どうぞ！

④ グーパーチェンジ

片手をグー，反対の手はパー，左右の手を素早く入れ替えてください！

ねらい とききめ	巧緻性維持

楽しみかた

① 両手をチョキにします。

② 右手をグー，左手をパーにします。

③ 同様にして②と反対にします。（両手チョキ→右手パー左手グー）何度か繰り返します。

みちお先生のケアポイント

・むずかしいときは（チョキをなくして）左右交互にグーとパーだけにしてもオッケーです。（そのあとでチョキをはさんでトライ）

笑いのテクニック

・間違えても気にしないで。楽しんでしましょう！

12

⑤　指の瞬間移動

片手は指1本で反対の手は指0本，左右の手をチェンジしてください！

■ ねらい
と ききめ　　(指のストレッチ)　(巧緻性維持)

楽しみかた

① 　右手は指1本（人差し指），左手は0本（グー）にします。

② 　（①と反対に）右手は指0本，左手は指1本にします。

③ 　この動作を，4回繰り返します。うまくできたら大成功です！

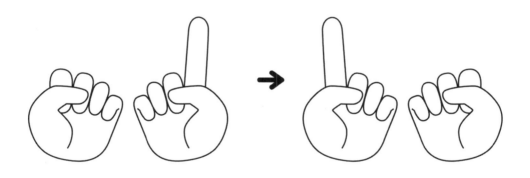

4回繰り返す

みちお先生のケアポイント

・うまくできないときも，楽しんでどうぞ（笑）！

笑いのテクニック

・①と②の間に，両手を軽くぶつけると，瞬間移動っぽくなります！

⑥ 指折り体操①

両手を軽く握って，人差し指から順に指を伸ばしてください！

| ねらい と ききめ | 指のストレッチ |

楽しみかた

① 両手をグーにします。
② 人差し指，中指，薬指，小指，親指の順に指を伸ばしていきます。
③ （②と反対の順に）親指，小指，薬指，中指，人差し指の順に曲げていきます。2回ずつします。

みちお先生のケアポイント

・指先に集中して，ゆっくりとていねいに動作しましょう！

笑いのテクニック
・スピードアップしてミスを誘うと，笑いになります！

14

⑦ 指折り体操②

両手をひらいて，小指から順に曲げてください！

▌ねらい
と ききめ
〔 指のストレッチ 〕〔 巧緻性維持 〕

楽しみかた

① 　両手をパーにします。
② 　小指から順に，薬指，中指，人差し指，親指の順に曲げていきます。
③ 　（②と反対の順に）親指，人差し指，中指，薬指，小指の順に伸ばしていきます。 ２回ずつします。

みちお先生のケアポイント

・思い通りに指が動かなくても気にせずにトライしましょう！

笑いのテクニック
・「あれ？　うまくできない……」を笑いにしましょう！

⑧ 超グーパー体操

両手を頭の後ろでグー，それから上に伸ばしてパーをしてください！

ねらい
とききめ 　〔握力アップ〕 〔肩の柔軟性維持〕

楽しみかた

① 頭の後ろで両手をグーにします。
② 両腕を上に伸ばして両手をパーにします。
③ 一休みして，４回繰り返します。

４回繰り返す

みちお先生のケアポイント

・②のときに，できる限り全部の指をいっぱいにひらいてみましょう！

笑いのテクニック
・①はガッツポーズ，②はバンザイのようにすると，もっと楽しくなります！

⑨ どっち向くの

シニアは，支援者が指をさす方向以外に顔を向けてください！

▌ねらい
とききめ　　（首のストレッチ）

楽しみかた

① 　支援者とシニアは向かい合わせになります。

② 　支援者は上，下，右，左のいずれかを指さします。

③ 　シニアは，支援者が指をさした以外の方向に顔を向けます。うまくできたら大成功です！（例：上を指さしたら，下，右，左のいずれかを見る）

みちお先生のケアポイント

・むずかしいときは，上下または，左右の２つだけの動きにしてもオッケーです！

笑いのテクニック
・間違えることも楽しんで，どうぞ！

17

⑩ トントンバイバイ

片手でトントンしながら反対の手でバイバイしてください！

**ねらい
とききめ**　(手先の器用さ維持)　(巧緻性アップ)

楽しみかた

① 右手をグーにしてトントンとドアをノックする動作をします。

② 左手をパーにして手を振ってバイバイします。

③ これを同時にします。うまくできなかったら？　笑いながらどうぞ！

みちお先生のケアポイント

・はじめは片方ずつ練習をします。そのあとで両手同時にしましょう！

笑いのテクニック

・左右の手を反対にします。（左手でトントン，右手でバイバイ）

コラム①

シニアをあきさせずに足ぶみを 100 歩する方法

「足腰が弱る人が増えた」
「転倒する人が増えた」
「なんとかして体力づくりをしたい」

今，介護現場で聞く切実なお悩みです。

そこで足腰を鍛えるマル秘テクニックを紹介します。
名づけて「〇〇足ぶみ」。
たとえば。

「腕を大きく振って足ぶみ」「胸を張って足ぶみ」
「ドンドンと強く足ぶみ」「足音を立てずにそおっと足ぶみ」

まだあります。

「駆け足するように足ぶみ」「手をたたきながら足ぶみ」
「階段を上るように足ぶみ」「水中を歩くように足ぶみ」

さらに。

「かっこよく足ぶみ」
「ニッコリ笑って足ぶみ」
「モデルのように足ぶみ」

こうすれば，いつのまにか歩数がアップできます！
みなさんも，楽しい足ぶみを考えてみてください！

⑪ タン・タン・タン♪

拍手を３回ずつ繰り返しますが……，フェイントに注意！

ねらい
ときめき　┃ 手先の器用さ維持

楽しみかた

①　「タン・タン・タン」と拍手を３回します。

②　これを，10セット繰り返します。

③　ときどき，「タン・タン・タン」でなく，「タン・タン」と，３回のところを２回にしちゃいましょう！

タン・
タン・
タン

10セット
繰り返す

みちお先生のケアポイント

・手だけでなく，首を動かすとリズミカルな動作ができます！

笑いのテクニック

・いかにも手をたたくとみせかけて，いきなり両手を止めるのがコツです。

⑫ かにさんの横歩き

かにのように，左右に横歩きしてください！

▌ねらい
とききめ （足腰強化）

楽しみかた

① 左に横歩きします。（左に4歩で，右に4歩で元の位置に戻ります）
② 同様に右（反対側に）に横歩きします。
③ 一休みして，4回繰り返します。

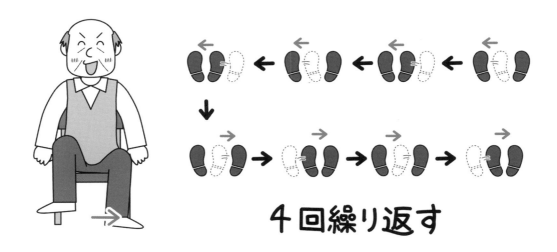

4回繰り返す

みちお先生のケアポイント

・むずかしいときは，その場足ぶみからはじめて，少しずつ足ぶみを横に
　ズラしてみましょう！

笑いのテクニック
・かにになったつもりで，両手をチョキにして，ニッコリ笑って，どうぞ！

⑬ トイレに座る

椅子に浅く腰かけて，息をはきながらおなかに力を入れてください！

| ねらい
と ききめ （腹筋強化）

楽しみかた

① 椅子に浅く腰かけて，足を肩幅にひらきます。
② 両手をひざに置いて，背筋を伸ばします。
③ 息をはきながら，おへそにギューっと力を入れます。一休みして４回繰り返します。

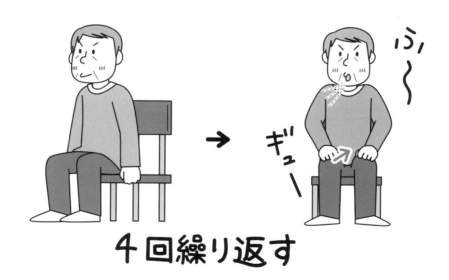

４回繰り返す

みちお先生のケアポイント

・椅子からの転倒に注意。しっかりと両足の足裏で踏ん張りましょう！

笑いのテクニック
・できれば，最後に，スッキリとした顔をして終わりましょう！

⑭ ふるさと体操

ふたりで手をたたいたり，ハイタッチするマネをしてください！

▎ねらい
と ききめ　(手先の器用さ維持)　(リズム体感)

楽しみかた

① 　シニアと支援者が向かい合わせになります。

② 　ふたりで，拍手→ひざをたたく→ハイタッチのマネをします。

③ 　「ふるさと」（うさぎ追いしかのやま〜♪）の歌に合わせてどうぞ！

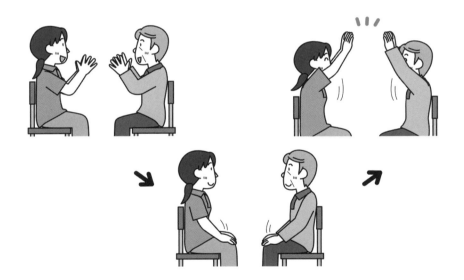

みちお先生のケアポイント

・歌いながらしても，音楽をかけてしても，どちらでもオッケーです！

笑いのテクニック

・支援者が，アイコンタクトしたり，うなずきながらすると，もっと楽し
くできます！

⑮ ほうき体操

両手を軽く握って，ほうきで床をはく動作をしてください！

ねらい
とききめ ⟨ 手首の柔軟性維持 ⟩

楽しみかた

① ゆっくりとていねいに，ほうきで床をはくマネをします。
② 手の上下を替えて同様にします。
③ 最後に，ちりとりでゴミを集めたらおしまいです。

みちお先生のケアポイント

・むずかしいときは，（②をなしにして）①だけの動作でもオッケーです！

笑いのテクニック
・おまけに，はたきをかけたり，ぞうきんがけもしちゃいましょう！

⑯ ぽか～ん体操

肩の力を抜いて口をあけて，ぽか～んとした顔をしてください！

| ねらい
とききめ | リラックス | 元気が出る |

楽しみかた

① 両腕を下に伸ばして，肩と腕の力を抜いていきます。

② 顔を上げて，口をぽか～んとあけてリラックスします。

③ 最後は，一番いい顔をして，モリモリポーズをして元気に終わります。

みちお先生のケアポイント

・①の前に，肩を上下すると，脱力ができます！

笑いのテクニック

・②のときは，思いっきり，ぼ～っとした表情で。②と③の表情の差が大きければ大きいほど最高です！

⑰ もしかめエア握手

「うさぎとかめ」の歌に合わせて，握手するマネをしてください！

ねらい と ききめ　(手先の器用さ維持)　(リズム体感)

楽しみかた

① （シニアと支援者で）右手同士で８回，左手同士で８回握手のマネをします。

② 同様にして，４回，２回，１回とします。

③ 最後にハイタッチのマネをします。「うさぎとかめ」（もしもしかめよ〜♪）の歌に合わせてどうぞ！

みちお先生のケアポイント

・歌いながらしても，音楽をかけてしても，どちらでもオッケーです！

笑いのテクニック

・慣れてきたら，ふたりの間隔を２メートル，３メートルと広げてみましょう！

⑱ リズムでモリモリ

足ぶみをしながら元気にモリモリポーズをしてください！

▌ねらい
と ききめ （ 足腰強化 ）（ 元気が出る ）

楽しみかた

① 両腕を前後に振りながら，足ぶみを８歩します。
② 足を肩幅にひらいて，胸を張って，モリモリポーズをします。
③ 一休みして，４回繰り返します。

6歩 → モリ モリ 7,8歩

４回繰り返す

みちお先生のケアポイント

・「いち，にい，さん，しい，ご，ろく，もり，もり」というように，６歩
　足ぶみをして，７歩目と８歩目で，モリモリポーズを２回すると，リズ
　ム感がアップします。

笑いのテクニック
・支援者がニッコリ笑顔ですると，シニアもつられて笑顔になります！

⑲ 気分はプロボクサー

ボクサーになったつもりで，左右交互にパンチを繰り出してください！

ねらい
とききめ

（敏捷性維持）
びんしょうせい

楽しみかた

① 両手を胸の前で軽く握ります。
② 片手でパンチをします。
③ パンチした手を素早く元に戻します。同様に手を替えてします。（左右交互に２回ずつ）

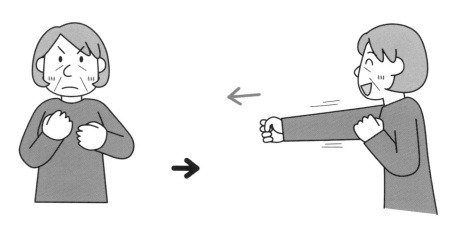

左右交互に２回ずつ

みちお先生のケアポイント

・はじめはゆっくりと，慣れてきたら徐々にすばやく動作しましょう！

笑いのテクニック
・プロボクサーになりきってかっこよく，どうぞ！

⑳ 靴が鳴る体操

「靴が鳴る」の歌に合わせて，つないだ手と手を前後に振ってください！

**｜ねらい
とききめ** （リズム体感）

楽しみかた

① 支援者はシニアの横で，手をつなぐマネをします。

② つないだ手と手を前後に振ります。

③ 「靴が鳴る」（おててつないで～♪）の歌に合わせて，どうぞ！

みちお先生のケアポイント

・歌いながらしても，音楽をかけてしても，どちらでもオッケーです！

笑いのテクニック

・元気に明るく笑顔で手を振ってください！

㉑ 蛇口をひねる

手首を動かして，水道の蛇口をひねるマネをしてください！

ねらい
とききめ ◯ 手首の柔軟性維持

楽しみかた

① 片手で水道の蛇口をひねって，コップに水を入れる動作をします。
② 手を替えて，同様にします。
③ 左右交互に2回ずつします。

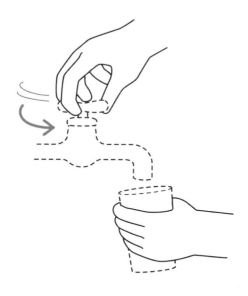

左右交互に
2回ずつ

みちお先生のケアポイント

・逆ひねり（水道を止める動作）も入れると，ききめがアップします！

笑いのテクニック
・最後に，コップの水を美味しそうに飲むマネができたら最高です！

30

㉒ マッサージのワルツ

ひざや腰を，両手で３回ずつ気持ちよくたたいてください！

| ねらい
とききめ | 血行促進 |

楽しみかた

① 　パンパンパンと両手でひざを３回たたきます。

② 　同様にして，腰をたたきます。

③ 　同様にして，ほっぺたを（やさしく）たたきます。４回繰り返します。

みちお先生のケアポイント

・ふくらはぎや頭など，他の部位もたくさん加えて，どうぞ！

笑いのテクニック
・最後は，両手の人差し指をほっぺにつけて，ニッコリ笑ってください！

㉓ ビシッときをつけ

両手を体の横につけて，ビシッときをつけを決めてください！

| ねらい
| とききめ　（姿勢保持）

楽しみかた

① 拍手を 7 回します。
② 8 回目は，両手を体の横につけて，かっこよくきをつけの姿勢をします。
③ 一休みして，4 回繰り返します。

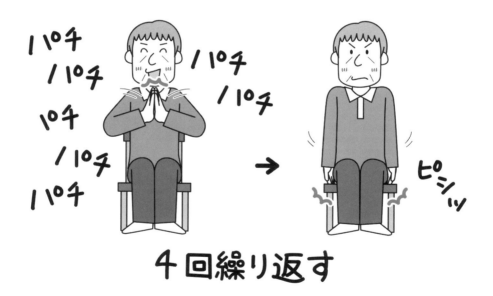

４回繰り返す

みちお先生のケアポイント

・胸を張って，背筋を伸ばしてきをつけができたら最高です！

笑いのテクニック
・笑って拍手，いい顔をしてきをつけ。ギャップがあると笑えます！

㉔ 居眠り体操

座ったままでうとうと居眠りをする動作をしてください！

ねらい
とききめ　（バランス力アップ）

楽しみかた

① 椅子に浅く腰かけて，両腕を下に伸ばします。
② （座ったままの状態で船を漕ぐようにして）前後左右に体を揺らします。
③ 一休みして，４回繰り返します。

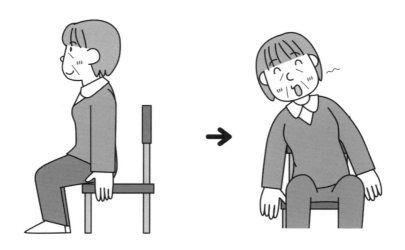

４回繰り返す

みちお先生のケアポイント

・椅子からの転倒に注意。支援者がそばでサポートしましょう！

笑いのテクニック
・急に目が覚める動作なども入れてみるとおもしろいです！

㉕ 手を洗おう

両手をゴシゴシして，ていねいに手を洗うマネをしてください！

┃ ねらい
  とききめ 〔 血行促進 〕

楽しみかた

① 手を洗うマネをします。
② 手のひら，手の甲，指の間，手首をていねいにゴシゴシします。
③ 最後にしっかりと水を切っておしまいです。

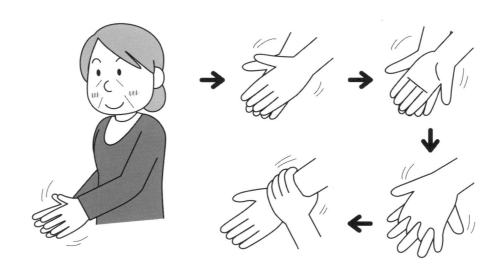

みちお先生のケアポイント

・あまり強くこすりすぎないように。やさしくていねいに動作しましょう！

笑いのテクニック
・蛇口をひねって水を出す→石鹸で手を洗う→水を止める→ハンカチで手をふく……など，いろいろと動作を追加してみましょう！

㉖ 窓あけて深呼吸

両手で窓をあけるマネをして，深呼吸をしてスッキリしてください！

┃ねらい
┃とききめ　　(リフレッシュ)

楽しみかた

① 窓をあけるようにして，両手を右から左へ動かします。

② 手を替えて同様にします。

③ 最後に，伸びをして，深呼吸をしたらおしまいです！

すー　はー

みちお先生のケアポイント

・むずかしいときは，片手ずつ動作してもオッケーです！

笑いのテクニック
・③のところは，とても気持ちよさそうに，どうぞ！

35

(27) 大きく振って小さく振って

高く大きく手を振ったり，小さく小刻みに手を振ったりしてください！

| ねらい
| とききめ　（肩の柔軟性維持）

楽しみかた

① 片腕を上に伸ばして，（バイバイするように）高く大きく手を振ります。
（4回）
② 次に，顔の前で小さく小刻みに手を振ります。（4回）
③ 一休みして，反対の腕で同様にします。（左右交互に2回ずつ）

大きく　　小さく
4回　　　　4回
左右交互に2回ずつ

みちお先生のケアポイント

・自分の腕の上がる範囲で，無理せずにしましょう！

笑いのテクニック
・笑ったり，泣いたり，ハンカチで涙をふくマネをしたり，楽しんでどうぞ！

㉘ 横を見上げて

背筋を伸ばして，顔を上げて横上を見上げてください！

ねらい
とききめ 〔 首のストレッチ 〕

楽しみかた

① 背筋を伸ばして，両手を腰に置きます。
② ゆっくりと（左）横を見上げて（顔を上げて），元に戻します。
③ 反対側も同様にします。（左右交互に２回ずつ）

左右交互に２回ずつ

みちお先生のケアポイント

・首と肩の力を抜いて，リラックスしてどうぞ！

笑いのテクニック
・見上げる時は，驚いた表情で，どうぞ！

㉙ さんさんろく拍子

3・3・7拍子するはずが，3・3・6拍子にしてください！

ねらい
ときゝめ　血行促進　手先の器用さ維持

楽しみかた

① 支援者はシニアといっしょに，3・3・7拍子の拍手をします。（拍手を3回，3回，7回の順にする）
② これを2回繰り返します。
③ ただし2回目は，3・3・6拍子（拍手を7回するところを突然6回）にします。「えっ?!」と驚きとともに笑いになります！

みちお先生のケアポイント

・拍手を6回したあと，ビシっときをつけをします。手をたたいてしまったシニアは，「あれ?!」となって，笑いが起きます。

笑いのテクニック
・1回目はゆっくりと，2回目はテンポアップしましょう！

30 歯みがき体操

口を横にひらいて，指で歯みがきのマネをしてください！

| ねらい
ときめ　　□腔機能維持

楽しみかた

① 口を横に（いーの口）ひらきます。
② 人差し指を横やたてに動かして，歯みがきをするマネをします。
③ 手を替えて同様にします。（左右交互に４回ずつ）

左右交互に
４回ずつ

みちお先生のケアポイント

・口角を上げてすると，顔の体操になります！

笑いのテクニック
・最後にうがいをするマネをして，終わりましょう！

㉛ 足ぶみ体操

ゆっくりからはじめて徐々に足ぶみをスピードアップしてください！

┃ねらい
  とききめ 〔 足腰強化 〕

楽しみかた

① ゆっくりと足ぶみを８歩します。
② 一休みして，少しスピードアップして同様にします。
③ 徐々にスピードアップしながら，全部で４回繰り返します。

足ぶみを
８歩

４回
繰り返す

みちお先生のケアポイント

・スピードの目安……とてもゆっくり→ゆっくり→ふつう→少し早く。

笑いのテクニック
・ゆっくりからはじめて，最後は駆け足のようにできる限り早くすると，
　おもしろいです！

㉜ 両手ひらいて足閉じる

両手の動きに合わせて，足を閉じたりひらいたりしてください！

▎ねらい
と**ききめ**　　◯足腰強化　◯握力維持

楽しみかた

① 　両手をグーで足を閉じて，かかとをつけたままパーで足をひらきます。

② 　これが出来たら，両手をグーで足をひらいて，パーで足を閉じます。

③ 　間違えても，笑ってどうぞ！

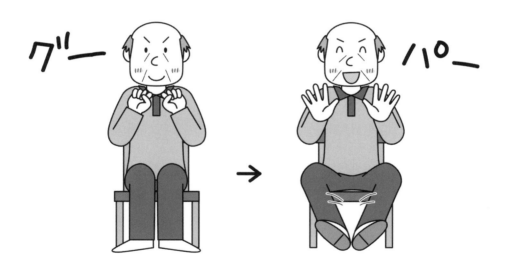

みちお先生のケアポイント

・はじめはゆっくりとていねいに動作しましょう！

笑いのテクニック

・グーは口を閉じてマジメ顔，パーは口をひらいてニッコリ笑顔ですると，
　笑えます！

33 靴下はけるかな

椅子に座ったまま，片足を上げて靴下をはく動作をしてください！

ねらい
とききめ　足腰強化　バランス力アップ

楽しみかた

① 椅子に浅く腰かけます。
② 片足を上げて，靴下をはくマネをしましょう！
③ 足を替えて，同様にします。(左右交互に２回ずつ)

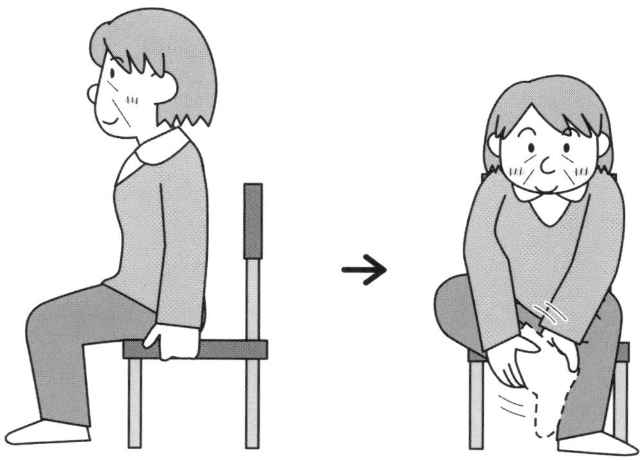

左右交互に２回ずつ

みちお先生のケアポイント

・むずかしいときは，足を上げずに，上体を前に倒してもオッケーです！

笑いのテクニック

・靴下のはずが，最後はタイツをはいている動作に変えちゃいましょう！

㉞ Ｙシャツを着る

袖を通したり，ボタンを留めたりして，Ｙシャツを着る動作をします！

▌**ねらい**
とききめ　〔 肩の柔軟性維持 〕〔 手先の巧緻性維持 〕

楽しみかた

① 　Ｙシャツに袖を通すマネをします。
② 　上からボタンを留めるマネをします。
③ 　袖のボタンを留めるマネをします。

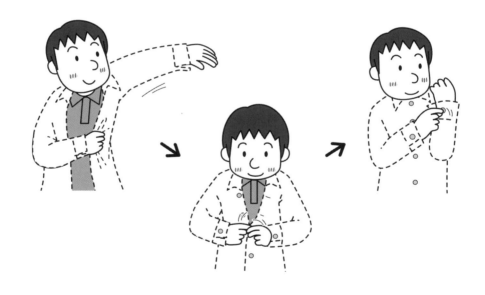

みちお先生のケアポイント

・支援者が見本を見せながら，シニアがマネできるようにしましょう！

笑いのテクニック
・ありえないくらいにボタンの数を多くしちゃいましょう！

㉟ 伸ばしてクロス

両足を伸ばして，足をクロスしてください！

| ねらい
とききめ | ふくらはぎのストレッチ |

楽しみかた

① 両足を前に伸ばして，足をクロスします。
② 両足のかかとを前に押し出すようにしましょう！
③ 一休みして，４回繰り返します。

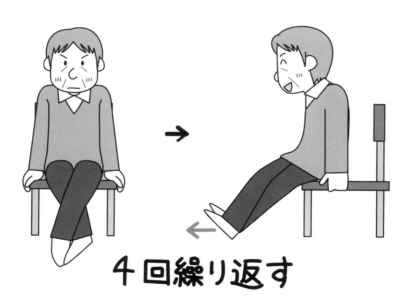

４回繰り返す

みちお先生のケアポイント

・両手で椅子を押さえてすると，上体が安定します！

笑いのテクニック
・②のときに，鼻の下も長～く伸ばしちゃいましょう！

44

36 上げたら下げて

支援者が両手を上げたら，シニアは反対に両手を下げてください！

ねらい
とききめ　集中力アップ

楽しみかた

① 支援者はシニアと向かい合わせになります。
② 支援者が両手を上げたら，シニアは両手を下げて，（支援者が）両手を下げたら両手を上げます。
③ シニアは支援者の動きにつられずにできたら、大成功です！

みちお先生のケアポイント

・はじめはゆっくりと。支援者は動作を大きくすると分かりやすいです！

笑いのテクニック

・間違えても，笑って，楽しんでしましょう！

㊲ 三日月ストレッチ

頭の上で合掌して，上体を真横に傾けてください！

ねらい とききめ	体側のストレッチ

楽しみかた

① 足を肩幅にひらいて，背筋を伸ばします。
② 両腕を上に伸ばして，頭の上で合掌します。
③ 体を真横に傾けます。元に戻して，反対側も同様にします。

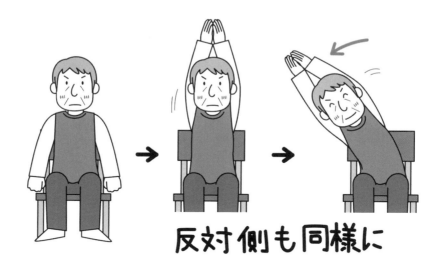

反対側も同様に

みちお先生のケアポイント

・無理をしないように。ほんの少し傾けるだけでもオッケーです！

笑いのテクニック
・最後に，両手の人差し指をほっぺにつけて，ニッコリ笑って，首を傾けてください！

㊳ 人差し指と親指のストレッチ

片手は人差し指，反対の手は親指を伸ばしてください！

| ねらい
と ききめ   （指のストレッチ）（巧緻性維持）

楽しみかた

① 両手を握って，右手の人差し指と，左手の親指を伸ばします。
② （①と反対に）右手の親指と，左手の人差し指を伸ばします。
③ この動作を何度か繰り返します。

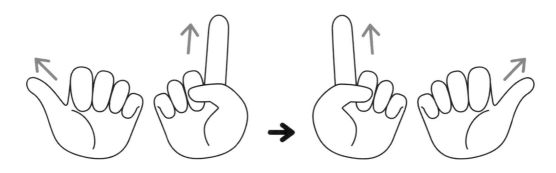

何度か 繰り返す

みちお先生のケアポイント

・「間違えても大丈夫」の言葉がけが，シニアのやる気を引き出します！

笑いのテクニック
・支援者がわざと間違えたりしても，笑いになります！

㊴ 内股ガニ股

内股にしたりガニ股にしたりして足ぶみしてください！

ねらい
ときめ　　こ かんせつ
　　　　　　股関節可動域維持

楽しみかた

①　ガニ股（つま先を外側）で，8歩足ぶみをします。
②　内股（つま先を内側）で，8歩足ぶみします。
③　交互に2回ずつします。

みちお先生のケアポイント

・椅子に浅く腰かけてすると，足の動作がしやすくなります！

笑いのテクニック
・ガニ股のときは胸を張って堂々と。内股のときは背中を丸めて悲しそうにどうぞ！

㊵ 背筋伸ばし曲げ

背筋をまっすぐに伸ばしたり，丸めたりしてください！

▍ねらい
　ときめ　　〔 背中と胸のストレッチ 〕

楽しみかた

① 足を肩幅にひらいて，両手をひざに置きます。
② 胸を張って，背筋をまっすぐにピンと伸ばします。
③ おじぎをして，背中を丸めます。交互に２回ずつします。

交互に２回ずつ

みちお先生のケアポイント

・急がないように。ゆっくりとていねいに動作しましょう！

笑いのテクニック
・②のときは明るく元気な表情で，③のときは暗く悲しそうな表情で，どうぞ！

コラム②

体操するならビーチボールよりお手玉を

円形。
中央に支援者。
一人ひとりにビーチボールをパス。

介護現場のレクあるあるです。

ボクは，ビーチボールを使いません。
理由は，時間がもったいないから。

たとえば，参加者が 20 人いる場合。
一人にパスをしたら，19 人は待たなければいけません。
つまり，何もしていないわけです。

ボクなら，限られた時間でたくさん体を動かします。
そこで，お手玉です。
お手玉を一人に 1 個ずつ用意します。
上に投げたり，キャッチしたり……。
これなら全員が同時にできます。

　もし，お手玉がないときは，かわりに新聞紙を丸めてもオッケーです！

　体を動かすことを考えるなら？
　ビーチボールよりもお手玉を。

ということで，ここからは，お手玉を使った体操を紹介します。

① うまく乗るかな

お手玉を上に投げて，手の甲の上に乗せてください！

| ねらい と ききめ | 手先の器用さ維持 |

楽しみかた

① お手玉を上に投げます。

② 片手（お手玉を投げた手）を前に出して手のひらを下にします。

③ 見事，手の甲に乗ったら大成功です！

みちお先生のワンポイント

・失敗しても気にせずに，楽しんでトライしてください！

笑いのテクニック

・シニアが成功したら，支援者はめちゃくちゃほめてください！

❷ グーキャッチ

お手玉を上に投げたら，両手をグーにしてキャッチしてください！

ねらい
とききめ　〔 手先の器用さ維持 〕

楽しみかた

① 　お手玉を上に投げます。
② 　両手をグーにします。
③ 　そのまま両手ではさむようにキャッチ出来たら大成功です！

みちお先生のワンポイント

・むずかしいときは，両手を軽く握ってトライしましょう！

笑いのテクニック
・支援者がわざと失敗しても，笑いにつながります！

③ ダブルパス

お手玉をふたつ同時にまとめて相手に投げてください！

ねらい と ききめ	反応力アップ

楽しみかた

① 支援者とシニアが向かい合わせになります。（間隔1メートル）
② 支援者がお手玉をふたつまとめて同時にパスします。
③ 見事キャッチ出来たら大成功です！　同様にしてパスを繰り返します。

みちお先生のワンポイント

・相手がキャッチしやすいところ（おへその前あたり）を狙って投げると
　いいです。

笑いのテクニック
・シニアが成功したら，支援者はほめたり，よろこんだり，リアクション
　してください！（シニアのやる気アップにつながります）

53

④ バランス歩き

お手玉を頭の上に乗せて，落ちないように足ぶみをしてください！

ねらい とききめ	バランス力アップ

楽しみかた

① お手玉を頭の上に置きます。
② お手玉が落ちないように足ぶみをします。
③ うまくできたら大成功です！

みちお先生のワンポイント

・足音を立てないように，そうっと，静かに足ぶみするのがコツです！

笑いのテクニック
・腕を前後に振ったり，ひざを高く上げてレベルアップします。お手玉が
　落ちると，笑っちゃいます！

⬡5 ふたりでいっしょにパス

タイミングを合わせて，ふたりで同時にお手玉をパスしてください！

ねらい とききめ	反応力アップ

楽しみかた

① 支援者とシニアにお手玉をひとつずつ用意します。

② ふたりで向かい合わせになります。（間隔1メートル）

③ ふたり同時にお手玉をパスします。見事キャッチ出来たら大成功です！

せーの

みちお先生のワンポイント

・失敗も含めて楽しんでしましょう！

笑いのテクニック

・「せーのー」と言って，タイミングを合わせると盛り上がります！（または，声を出さずに目で合図するのも楽しいです）

⬡6 まわしてまわして

自分のお手玉を相手の手に，相手のお手玉は自分の手に置いてください！

┃ ねらい
┃ とききめ 　　〔 手先の器用さ維持 〕

楽しみかた

① 　支援者とシニアにお手玉をひとつずつ用意します。
② 　（お手玉を自分の）右手に持って（相手の）左手（手のひら）に置きます。
③ 　うまくできたら大成功です！　8回繰り返します。

8回繰り返す

みちお先生のワンポイント

・むずかしいときは，お手玉をひとつにして練習しましょう！

笑いのテクニック

・反対周り（左手に持って右手に置く）にしてレベルアップします。失敗が笑いになります！

⬡7 後ろ落とし

頭の後ろからお手玉を落として，反対の手でキャッチしてください！

┃ねらい
とききめ　⟨ 肩の柔軟性維持 ⟩

楽しみかた

① 片手にお手玉を持ちます。
② 頭の後ろからお手玉を下に落とします。
③ 反対の手（腰のあたり）でキャッチ出来たら大成功です！

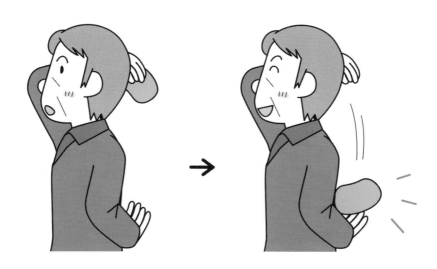

みちお先生のワンポイント

・準備運動として，肩の上げ下げをしてからどうぞ！

笑いのテクニック
・シニアが成功したときは，支援者はめちゃくちゃほめちぎってください！

57

❽ 拍手してキャッチ

お手玉を上に投げて，素早く手をたたいてキャッチしてください！

┃ ねらい
┃ とききめ   （ 敏捷性アップ ）

楽しみかた

① お手玉を上に投げます。
② 落ちてくる間に素早く手を1回たたきます。
③ 見事キャッチ出来たら大成功です！

みちお先生のワンポイント

・あわてずに，まっすぐに上に投げるのがコツです。

笑いのテクニック
・2回，3回と手をたたく回数を増やしていき，最後は，できる限りたくさんたたいてみてください！

⑨ 目を閉じてキャッチ

お手玉を上に投げて，目を閉じてキャッチしてください！

| ねらい
と ききめ　(反応力アップ)

楽しみかた

① お手玉を上に投げます。
② 目を閉じて，両手を前に差し出します。
③ 見事キャッチ出来たら大成功です！

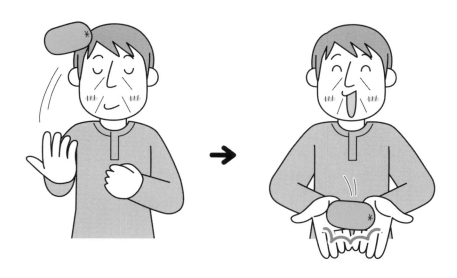

みちお先生のワンポイント

・最初から目を閉じるのでなく，投げたあとに目を閉じて，落ちてきそう
　なところに，両手を差し出すのがコツです！

笑いのテクニック
・後ろに投げておいてわざと失敗するのも，笑いになります！

⑩ 両手同時に

両手にひとつずつ持ったお手玉を同時に上に投げてキャッチしてください！

| ねらい とききめ | 集中力アップ |

楽しみかた

① 右手と左手にひとつずつお手玉を持ちます。
② 両手同時に上に投げます。
③ 見事キャッチ出来たら大成功です！

みちお先生のワンポイント

・むずかしいときは，（両手をくっつけて）ふたつまとめて投げると，かんたんにできます！

笑いのテクニック
・失敗も楽しみながらしましょう！

おわりに

くだらない体操がシニアの集中力を引き出す

「こちらが頑張りすぎるとお客さんは疲れちゃう」

これは，あるお笑い芸人の言葉です。
一生懸命に頑張って笑わそうとすると，お客さんは疲れてしまう。
かえって逆効果，なのだそうです。

ボクにも思い当たることがあります。

ボクが（体操を）頑張りすぎると，シニアは疲れるのです。

「疲れる」とは，体が疲れるだけではありません。
メンタルもです。

何人かのシニアも，こう言ってました。
「あ～，疲れた」
でも，当時のボクにはどうしようもありませんでした。

そんなとき，ある高校野球の監督の言葉がボクの心に突き刺さりました。

「本番は８割の力で戦いなさい」

８割?!
全力じゃないの？
８割でいいの？

監督曰く，
「全力を出そうとすると，固くなって実力が発揮できない」

その話を聞いて，肩の力がスーと抜ける思いでした。

それからは，一生懸命に頑張って体操をすることはなくなりました。
（※誤解のないように。手を抜いているわけではありません）

変顔したり。
人差し指をほっぺにつけて笑ったり。
ホントにくだらないようなこともするようになりました。

そうすることで，シニアもリラックスできます。
疲れずに最後まで集中が持続するのです。
実際に体操を見た支援者もこう言います。

「最初から最後まで集中してスゴイ」

シニアの体操を支援するコツ。
それは，**一生懸命に頑張りすぎないこと。**
それとあともうひとつ。
くだらない体操をすること。

ぜひ変顔にもトライしてください。
そして，シニアを笑わせてください！

令和 5 年 5 月 21 日
楽しい体操インストラクター　斎藤道雄

著者紹介
●斎藤道雄

体操講師，ムーヴメントクリエイター，体操アーティスト。

クオリティ・オブ・ライフ・ラボラトリー主宰。

自立から要介護シニアまでを対象とした体操支援のプロ・インストラクター。

体力，気力が低下しがちな要介護シニアにこそ，集団運動のプロ・インストラクターが必要と考え，運動の専門家を数多くの施設へ派遣。

「お年寄りのふだん見られない笑顔が見られて感動した」など，シニアご本人だけでなく，現場スタッフからも高い評価を得ている。

[お請けしている仕事]
〇体操教師派遣（介護施設，幼稚園ほか）　〇講演　〇研修会　〇人材育成　〇執筆

[体操支援・おもな依頼先]
〇養護老人ホーム長安寮
〇有料老人ホーム敬老園（八千代台，東船橋，浜野）
〇淑徳共生苑（特別養護老人ホーム，デイサービス）ほか

[講演・人材育成・おもな依頼先]
〇世田谷区社会福祉事業団
〇セントケア・ホールディングス（株）
〇（株）オンアンドオン（リハビリ・デイたんぽぽ）ほか

[おもな著書]
〇『思いっきり笑える！　シニアの介護予防体操40　付・支援者がすぐに使える笑いのテクニック10』
〇『しゃべらなくても楽しい！　椅子に座ってできるシニアの1，2分間筋トレ体操55』
〇『しゃべらなくても楽しい！　シニアの筋力低下予防体操40＋体操が楽しくなる！　魔法のテクニック10』
〇『しゃべらなくても楽しい！　シニアの笑顔で健康体操40＋体操支援10のテクニック』
〇『しゃべらなくても楽しい！　シニアの立っても座ってもできる運動不足解消健康体操50』
〇『しゃべらなくても楽しい！　シニアの若返り健康体操50』
〇『しゃべらなくても楽しい！　シニアの元気を引き出す健康体操50』
〇『超楽しい！　シニアの健康どうぶつ体操50』
〇『しゃべらなくても楽しい！　シニアの足腰を鍛える転倒予防体操50』
〇『しゃべらなくても楽しい！　シニアに超やさしい筋トレ・脳トレ・ストレッチ体操50』

（以上，黎明書房）

[お問い合わせ]
ホームページ「要介護高齢者のための体操講師派遣」：http://qollab.online/
メール：qollab.saitoh@gmail.com
＊イラスト・さややん。

思いっきり笑える！　要介護シニアも集中して楽しめる
運動不足解消体操40　付・お手玉体操10

2023年7月1日　初版発行

著　者　　斎　藤　道　雄
発行者　　武　馬　久仁裕
印　刷　　藤原印刷株式会社
製　本　　協栄製本工業株式会社

発　行　所　　　　株式会社　黎　明　書　房

〒460-0002　名古屋市中区丸の内3-6-27　EBSビル　☎ 052-962-3045
FAX 052-951-9065　振替・00880-1-59001
〒101-0047　東京連絡所・千代田区内神田1-12-12　美土代ビル6階
☎ 03-3268-3470

思いっきり笑える！　シニアの介護予防体操 40 **付・支援者がすぐに使える笑いのテクニック 10** 斎藤道雄著　　　　　　　B5・63 頁　1720 円	日常生活の動作も取り入れた体操 40 種と，体操をもっと面白くする支援者のための笑いのテクニックを 10 収録。立っていても座っていても出来て，道具も必要ないので安心。2 色刷。
しゃべらなくても楽しい！　椅子に座って **できるシニアの 1，2 分間筋トレ体操 55** 斎藤道雄著　　　　　　　B5・68 頁　1720 円	椅子に掛けたまま声を出さずに誰もが楽しめる筋トレ体操を 55 種収録。生活に不可欠な力をつける体操が満載です。2 色刷。『椅子に座ってできるシニアの 1，2 分間筋トレ体操 55』を改訂。
しゃべらなくても楽しい！　シニアの筋力低下予防体 **操 40 ＋体操が楽しくなる！　魔法のテクニック 10** 斎藤道雄著　　　　　　　B5・63 頁　1700 円	「ドアノブ回し」などの日常生活の動作も取り入れた，しゃべらずに座ったままできる楽しい体操 40 種と，体操をもっと効果的にする 10 のテクニックを紹介。シニアお一人でもできます。2 色刷。
しゃべらなくても楽しい！　シニアの笑顔 **で健康体操 40 ＋体操支援 10 のテクニック** 斎藤道雄著　　　　　　　B5・63 頁　1700 円	「おさるさんだよ〜」をはじめ，思わず笑ってしまうほど楽しくて誰でも続けられる体操 40 種と，支援者のための 10 のテクニックを紹介。シニアお一人でもお使いいただけます。2 色刷。
しゃべらなくても楽しい！　シニアの立って **も座ってもできる運動不足解消健康体操 50** 斎藤道雄著　　　　　　　B5・63 頁　1700 円	立っても座ってもできるバラエティー豊かな体操で，楽しく運動不足解消！　「かんぱーい！」「ふたりのキズナ」など，効果的な体操がいっぱい。シニアお一人でもお使いいただけます。2 色刷。
しゃべらなくても楽しい！　認知症の人も一緒にで **きるリズム遊び・超かんたん体操・脳トレ遊び** 斎藤道雄著　　　　　　　B5・64 頁　1700 円	①しゃべらない，②さわらない，③少人数を守って楽しく体や頭を動かせるレクが満載。『認知症の人も一緒に楽しめる！　リズム遊び・超かんたん体操・脳トレ遊び』をコロナ対応に改訂。2 色刷。
しゃべらなくても楽しい！ **シニアの若返り健康体操 50** 斎藤道雄著　　　　　　　B5・63 頁　1700 円	シニアの若さの秘訣は元気と笑顔！　「ホップ・ステップ・ジャンプ」などの楽しい体操で，しゃべらずに座ったまま効果的に運動できます。シニアお一人でもお使いいただけます。2 色刷。
しゃべらなくても楽しい！ **シニアの元気を引き出す健康体操 50** 斎藤道雄著　　　　　　　B5・63 頁　1700 円	「感動のグーパー」「キラキラウォーク」などの愉快な体操が，シニアの元気を引き出します。声を出さずに座ったまま，楽しみながら健康づくり。シニアお一人でもお使いいただけます。2 色刷。
超楽しい！ **シニアの健康どうぶつ体操 50** 斎藤道雄著　　　　　　　B5・63 頁　1700 円	「ねこの洗顔体操」など，色々な動物の動きをマネするだけのかんたん体操。どの体操も座ったままできて，準備や長い説明も一切なし！　立ってする場合のアドバイスも付いています。2 色刷。

表示価格は本体価格です。別途消費税がかかります。

■ホームページでは，新刊案内など，小社刊行物の詳細な情報を提供しております。「総合目録」もダウンロードできます。
http://www.reimei-shobo.com/